1 어린이 대표 팀의 진짜 국민 찾기

글 양화당

햇살 좋은 사무실에서 어린이책을 기획하고 집필하는 일을 하고 있습니다.
어린이들이 재미있게 읽으면서도 마음의 양식으로 삼을 수 있는 따뜻하고
영양가 있는 책을 많이 쓰고 만드는 게 꿈이랍니다.
쓴 책으로는 <새콤달콤 열 단어 과학 캔디> 시리즈가 있습니다.

그림 허현경

고양이 쥰과 살고 있습니다. 그림이 좋아서 일러스트레이터로 활동하며
어린이책과 잡지에 다양한 그림을 그리고 있습니다.
그린 책으로는 『오디세우스의 모험 일지』, 『야옹 의사의 몸 튼튼 비법 노트』,
『더 좋은 세상을 만든 착한 발명』, 『오늘부터 공부 파업』 등이 있습니다.

K탐정의 척척척 대한민국 1
어린이 대표 팀의 진짜 국민 찾기

초판 1쇄 발행 2022년 3월 4일 | 초판 6쇄 발행 2024년 6월 5일
글 양화당 | 그림 허현경

발행인 이봉주 | 편집장 안경숙 | 편집관리 윤정원 | 편집 송미영 | 디자인 권은영, 정진선
마케팅 정지운, 박현아, 원숙영, 김지윤, 황지영 | 제작 신홍섭

펴낸곳 (주)웅진씽크빅 | 주소 경기도 파주시 회동길 20 (우)10881
문의 전화 031)956-7523(편집), 031)956-7569, 7570(마케팅)
홈페이지 www.wjjunior.co.kr | 블로그 blog.naver.com/wj_junior | 페이스북 facebook.com/wjbook
트위터 @new_wjjr | 인스타그램 @woongjin_junior

출판신고 1980년 3월 29일 제406-2007-00046호 | 제조국 대한민국 | 사용 연령 7세 이상

글 ⓒ양화당, 2022 | 그림 ⓒ허현경, 2022
저작권자와 맺은 특약에 따라 검인을 생략합니다.

ISBN 978-89-01-25831-7 74300 · 978-89-01-25830-0 74300(세트)
•잘못 만들어진 책은 바꾸어드립니다.

웅진주니어는 (주)웅진씽크빅의 유아·아동·청소년 도서 브랜드입니다.
저작권법에 의해 한국 내에서 보호를 받는 저작물이므로 무단 전재와 무단 복제를 금지하며,
이 책 내용의 전부 또는 일부를 이용하려면 반드시 저작권사와 (주)웅진씽크빅의 서면 동의를 받아야 합니다.

⚠️주의
1. 책 모서리가 날카로워 다칠 수 있으니 사람을 향해 던지거나 떨어뜨리지 마십시오. 2. 보관 시 직사광선이나 습기 찬 곳은 피해 주십시오.

K탐정 프로필

나이: 13세
학력: 어린이 탐정학교 수석 졸업
장래 희망: 셜록 홈스를 뛰어넘는 명탐정
특기: 최소한의 실마리로 사건 해결하기
취미: 사람 관찰하기

어느 날 난 할아버지 댁 벽장에서 오래된 갓을 발견했어.
갓을 머리에 쓰자 갑자기 아이큐 급상승!
난 새로운 능력을 좋은 데에 쓰기 위해
탐정 사무소를 열었어. 앞으로 나를 대한민국
대표 탐정이라는 뜻으로 K탐정이라고 불러 줘.

오 마이 갓 백과 국적을 얻으려면? ·18
K탐정의 세계 탐구 다른 나라는 국적을 어떻게 정할까? ·26

오 마이 갓 백과 주민 등록 번호의 규칙은? ·37
K탐정의 세계 탐구 세계 신분증 구경하기 ·48

오 마이 갓 백과 귀화란? ·57
K탐정의 세계 탐구 먼 나라에서 온 사연 ·60

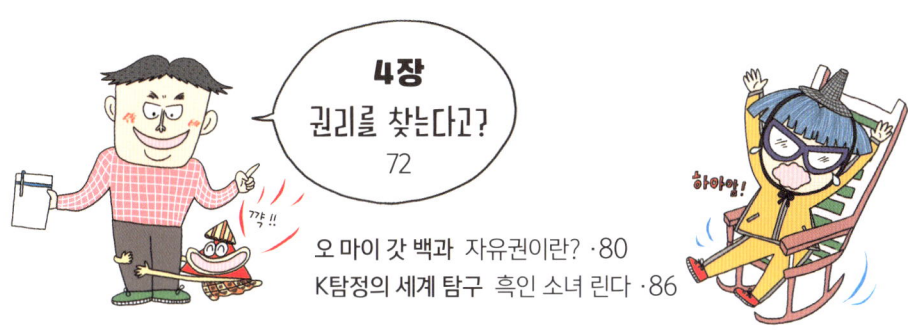

오 마이 갓 백과 자유권이란? ·80
K탐정의 세계 탐구 흑인 소녀 린다 ·86

오 마이 갓 백과 교육의 의무란? ·99
K탐정의 세계 탐구 의무가 없는 나라, 나우루 ·110

오 마이 갓 백과 난민이란? ·117
K탐정의 세계 탐구 라면왕 이철호 ·126

오 마이 갓 백과 인구 주택 총조사란? ·133
K탐정의 세계 탐구 세계의 인구가 궁금해! ·138

1장 국적이 뭐야?

쯧쯧, 대한민국 국민을 구별하지 못하다니.
먼저 국민이 뭔지부터 설명하지.
국민은 '나라를 구성하는 사람'이야.
국민이 없다면, 나라도 없지.

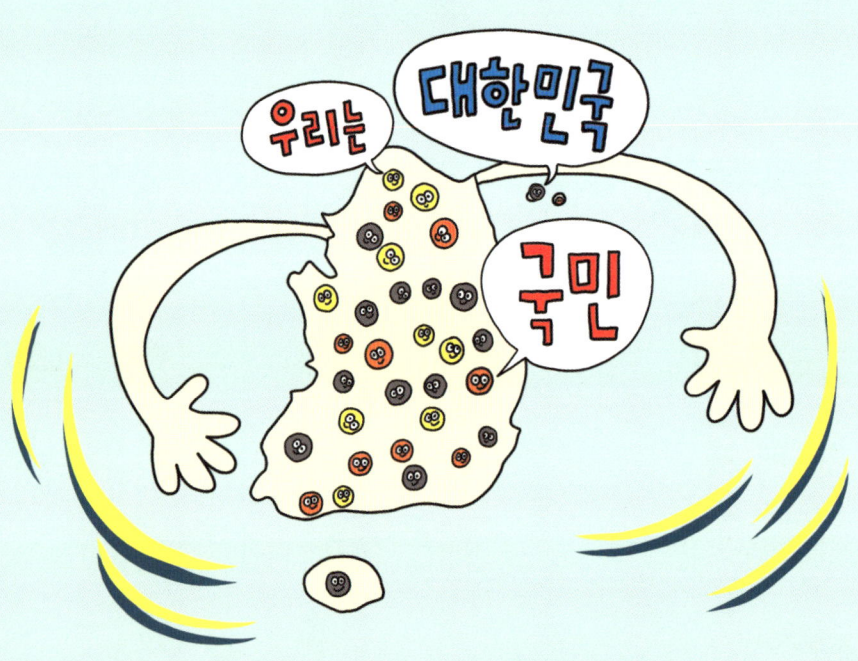

또 국민은 누구나 그 나라의 국적을 가지고 있어.
그러니까, 누군가가 대한민국 국민인지를 알아보려면,
이렇게 물어보면 돼.

국적이란 말이 좀 어렵지?
국적은 '어떤 나라의 국민이 되는 자격'이야.
이 자격은 나라에서 국민에게 주는 거야.
하지만 나라가 정한 조건을 갖춘 사람에게만 주지.
그럼, 대한민국 국적을 얻기 위해서는
어떤 조건이 필요할까?

국적을 얻으려면?

태어날 때 엄마, 아빠 중 적어도 한 사람이 **대한민국 국적**이 있어야 한다. 단, 태어난 곳은 대한민국이 아니어도 된다.

마이클은 엄마, 아빠 둘 다
영국 사람이므로,
대한민국 국적이 없어.
당연히 마이클은 대한민국
국적을 얻지 못하지.

나잘난은 엄마, 아빠 둘 다
대한민국 사람이므로,
대한민국 국적이 있어.
태어난 곳은 상관없으니까
나잘난은 대한민국 국적을 얻었지.

김장콩은 엄마가 대한민국 사람으로 대한민국 국적이 있어. 부모 중 한 사람만 국적이 있어도 되니까, 김장콩은 대한민국 국적을 얻었어.

김장콩은 **합격!**

오승리는 엄마, 아빠 둘 다 대한민국 국적이 있고 태어난 곳도 대한민국이야. 오승리는 당연히 대한민국 국적을 얻었지.

오승리도 **합격!**

오 마이 갓 백과의 조건대로 추리한 결과
나잘난, 김장콩, 오승리가
대한민국 국적을 가진 지원자야!

힝!
나도 축구 국가 대표
하고 싶다.

짜작짜작짜작!

짜작짜작 짜작!

축하해요!

21

이젠 대한민국 국적을 어떻게 정하는지 알았지?
하지만 더 중요한 건 바로 이거야.
겉모습만 보고 누군가의 국적을 판단하면 안 돼.
국적은 피부 색깔, 머리카락 색깔, 눈동자 색깔 등과는
아무런 관계가 없어.

대한민국 국민이 되면 어린이 축구 국가 대표가 되는 것 말고도 좋은 점이 많아.
국민의 좋은 점에는 무엇이 있는지 알아볼까?

나라에서 계속 살 수 있어.

국적을 물려줄 수 있어.

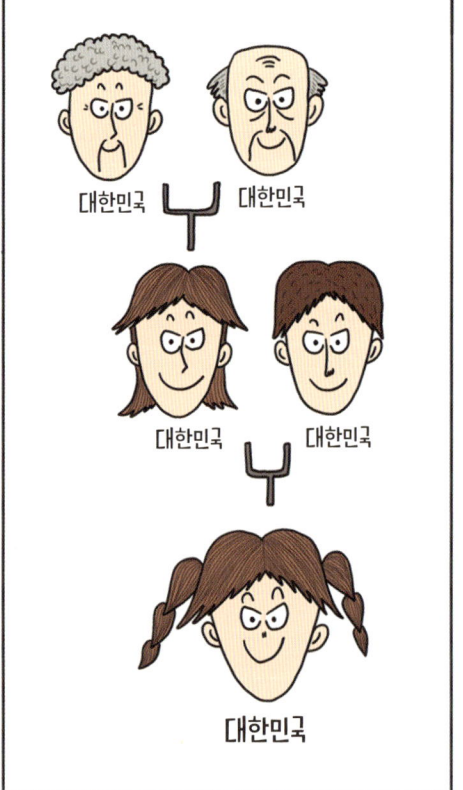

나라의 보호를 받아.

공무원이 될 수 있어.

다른 나라는 국적을 어떻게 정할까?

나라마다 국적을 정하는 방법과 기준이 조금씩 달라.
다른 나라에서는 국적을 어떻게 정하는지 알아보자.

우리는 혈통이 중요해!

엄마, 아빠의 국적에 따라 국적을 정하는 나라야.
어디에서 태어나건 엄마, 아빠의 국적을 따르는 거지.
우리나라, 중국처럼 유교 전통이 강한 나라와 영국, 프랑스를 비롯한 유럽 대부분의 나라에서 이 방법을 따르지.

나도 국적 갖고 싶다고!

우리는 태어난 곳이 중요해!

태어난 곳이 어디인지에 따라 국적을 정하는 나라야.
엄마, 아빠의 국적은 전혀 상관없어.
미국, 캐나다, 브라질, 멕시코, 아르헨티나 등
아메리카 대륙의 나라들이 이 방법을 많이 따르지.

맞아. 나잘난은 태어나면서 대한민국 국적, 미국 국적을 동시에 갖게 되었어. 이렇게 국적이 두 개인 사람을 '이중 국적자'라고 해.

K탐정의 **깜짝 퀴즈**

한국인 엄마가 미국 비행기를 타고 가다가 아이를 낳았어.
아이의 국적은 몇 개?

2개

미국 비행기 안은 미국 땅으로 여겨져.
그래서 여기서 태어난 아이는 미국 국적이 생겨.
한국인 엄마가 낳았으니까 한국 국적도 생기지.

대한민국에서 죽을 때까지
**이중 국적자로
살 수 있을까?**

NO

어른이 되면
두 개 국적 중 하나를
선택해야 해.
남자는 보통 만 18세,
여자는 만 22세가
될 때지.

2장
주민 등록 번호가 있어?

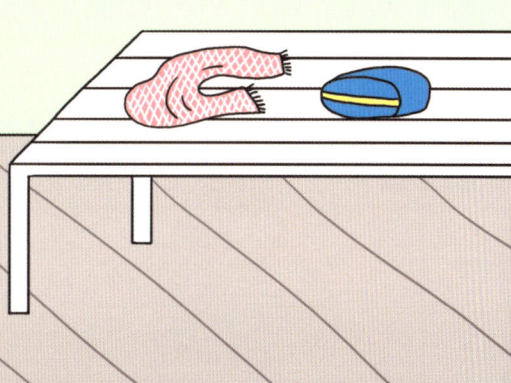

주민 등록증은 대한민국 국민임을 증명하는 신분증이야.
주민 등록증에는 주민 등록 번호가 있는데 대한민국에서 아이가 태어났다는 신고를 하면 이 번호를 줘.
주민 등록 번호는 모두 13자리야.
주민 등록 번호는 어떻게 정해질까?

"앞쪽 6자리 숫자는 주민 등록 번호의 규칙에 맞지 않아!"

111340-

 맨 앞 두 자리는 태어난 해를 나타내.
11이면, 1911년 또는 2011년에 태어났다는 거야.
만약 1911년에 태어났다면 2022년인 지금 112살이고, 2011년에 태어났다면 12살이야.

"음, 난 열두 살!"

13 그다음 두 자리는 태어난 달을 나타내.
하지만 13월은 없잖아.

40 마지막 두 자리는 태어난 날짜야.
40일이라는 날짜도 역시 없어.

"31일이 끝이야?"

 뒤쪽 첫 자리는 성별을 나타내.
2000년대에 태어났다면 남자는 3, 여자는 4.
1900년대에 태어났다면 남자는 1, 여자는 2지.
이건 4로 시작하니까 여자란 뜻이지.

결정적인 한 방!
대한민국에서는 주민 등록증을 만 17세가 되어야
만들 수 있어. 그런데 당신은 겨우 열두 살!

모든 국민이 갖고 있는 주민 등록 번호가 언제부터 생겼는지 궁금하지? 지금부터 그 이야기를 들려줄게.

사람들은 다시는 이런 일이 일어나면 안 된다며 입을 모았어.

1968년 11월 21일, 첫 번째 주민 등록 번호와 주민 등록증이 발급되었어.
그 주인공은 바로 당시 대통령 부부였어.

그 뒤로 다른 사람들도 주민 등록 번호를 받게 되었고, 이 번호로 대한민국 국민을 쉽게 구별할 수 있게 되었지.

대한민국 인구가 점점 많아지자, 1975년에 12자리였던 주민 등록 번호를 13자리로 바꾸어 발급하고 있어.

이렇게 대한민국 국민들은 모두
주민 등록 번호를 갖고 있어.
그런데 주민 등록 번호에 대해 명심할 게 있어.
주민 등록 번호에는 나에 대한 소중한 정보가 담겨
있으니까 아무에게나 알려 주면 안 돼!

주민 등록증을 **가짜로 만들 수 있을까?**

NO 여러 보안 장치가 있어 가짜로 만들기 어려워. ①, ②, ③번 부분을 보면 빛의 방향에 따라 색깔이 바뀌는 문양이 있어. ④번 부분은 각도에 따라 흑백 사진과 생년월일이 나타나.

뒷면에 있는 지문은 **어떤 손가락의 지문일까?**

오른쪽 엄지손가락

주민 등록증을 만들 때 열 손가락 지문을 모두 찍는데 그중에서 오른손 엄지손가락 지문을 주민 등록증에 넣어.

우리나라에서 주민 등록 번호는 병원, 은행, 관공서 등 생활 곳곳에서 쓰여. 자기 번호를 기억해 두면 아주 편리할 거야.

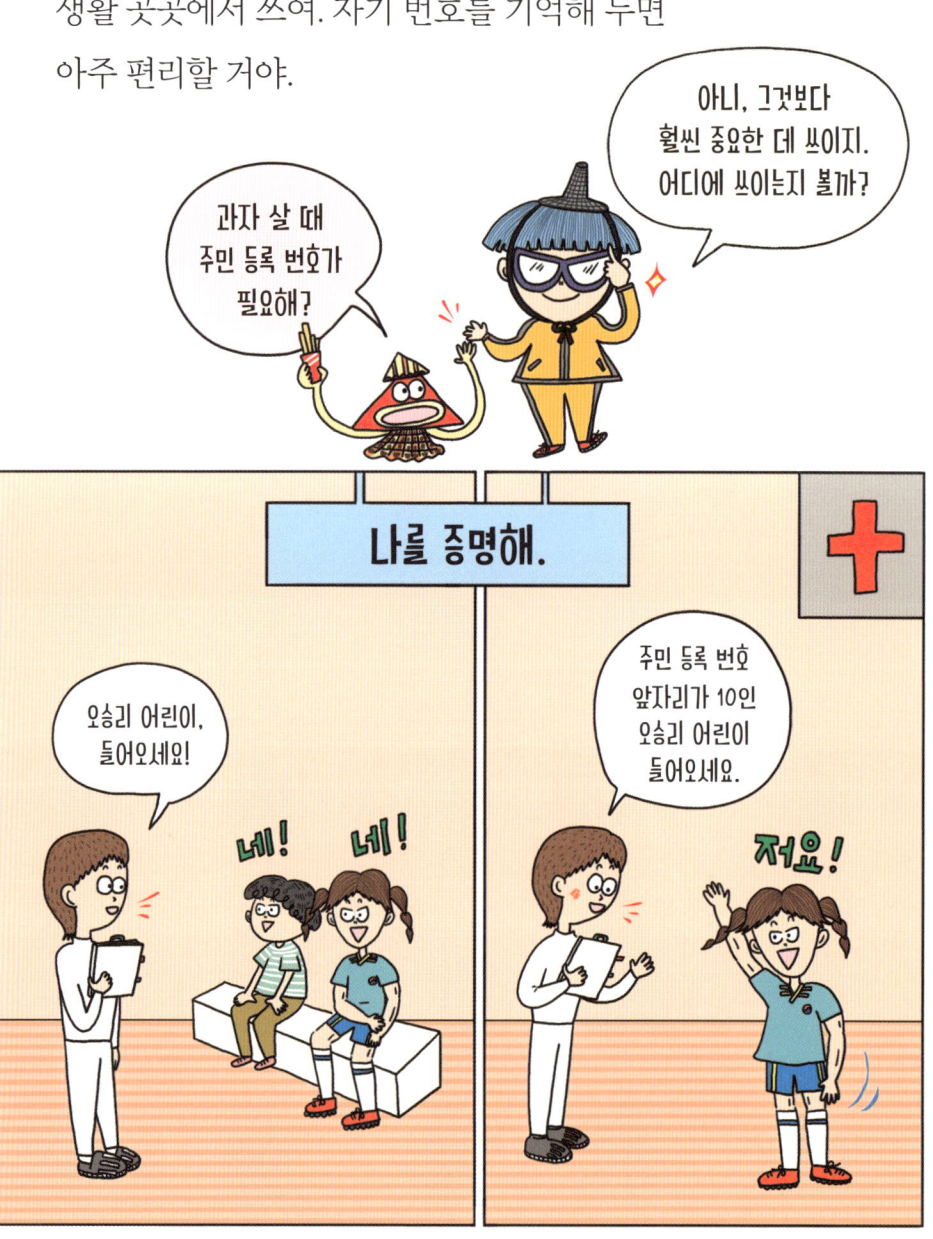

주민 등록 번호는 있지만, 주민 등록증이 없어서 아쉽니?
그렇다면, 연령에 상관없이 만들 수 있는
여권을 만들어 보자.

1단계

여권을 신청하려면 먼저 여권 사진부터 찍어야지.
자, 카메라 앞으로!

2단계

여권 발급 신청서를 작성해서 구청(시청, 도청)에 제출하자.
자기 이름을 영어로 어떻게 쓰는지 한번 적어 봐!

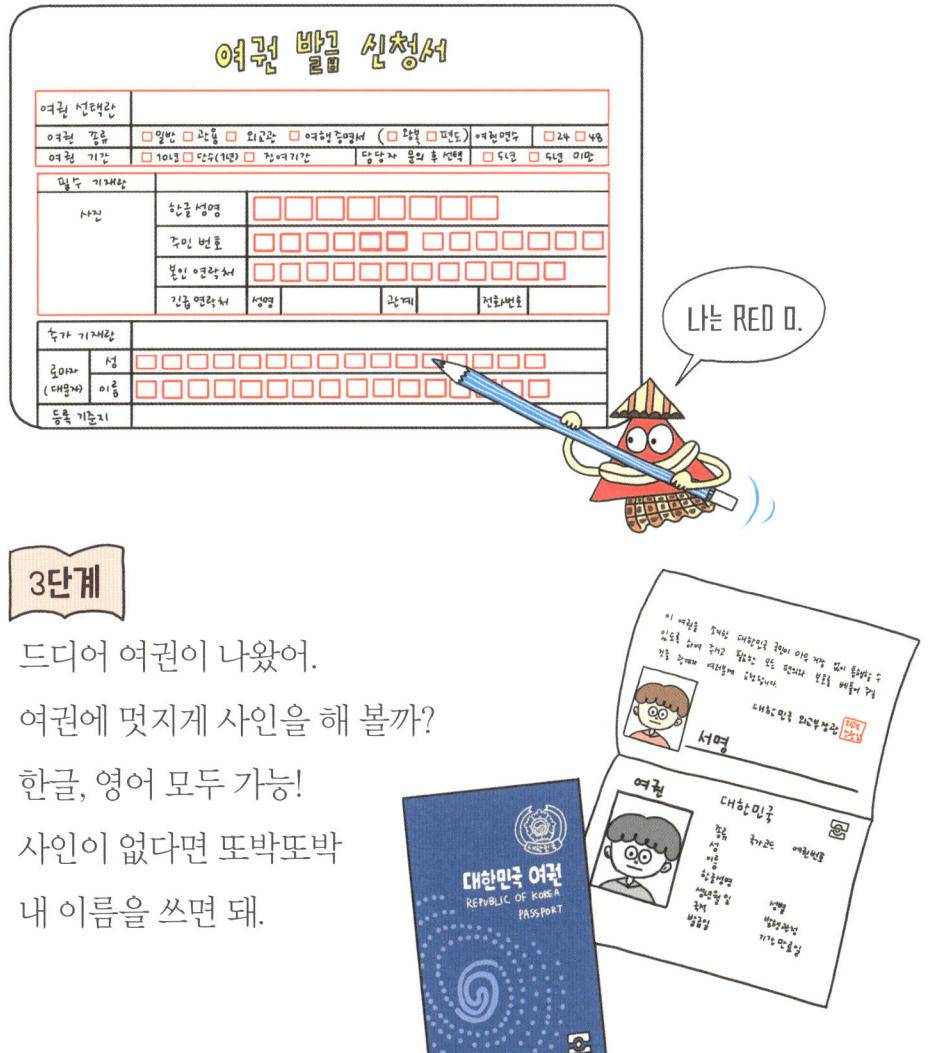

3단계

드디어 여권이 나왔어.
여권에 멋지게 사인을 해 볼까?
한글, 영어 모두 가능!
사인이 없다면 또박또박
내 이름을 쓰면 돼.

세계 신분증 구경하기

우리나라 주민 등록 번호처럼 고유한 개인 번호가 있는 나라가 있을까?
세계 여러 나라의 신분증을 구경하며 알아보자.

중국 공민 신분증

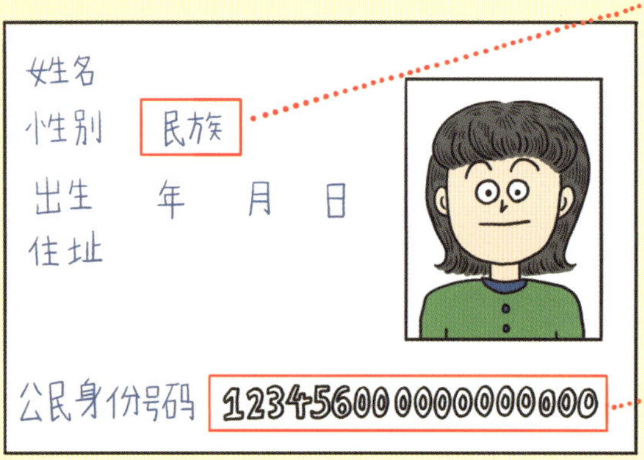

다민족 국가라서 신분증에 출신 민족도 적혀 있어.

번호가 18자리나 돼!

번호 18자리. 번호에는 출생지, 생년월일, 성별 등의 개인 정보가 담겨 있어.

중국에서 부부가 함께 쓰는 신분증인 결혼증! 자녀가 입학할 때, 집을 살 때 꼭 필요한 신분증이야.

 **미국 사회 보장 번호**

신분증은 따로 없고 사회 보장 혜택을 받을 때 필요한 증명서로 대신해.

번호 9자리. 개인 정보가 담겨 있지 않아.

 프랑스 ID카드

정식 이름 말고 평소에 불리는 이름도 신분증에 넣을 수 있어.

알파벳과 숫자가 섞인 9자리 번호. 10년마다 신분증을 새로 만들고 그때 번호도 달라져.

 영국

고유한 개인 번호가 없고 은행, 병원, 관공서에 따라 각기 다른 번호를 받아 사용해.

우린 고유한 번호가 없지.

개인 정보 보호를 위해 개인 정보가 담겨 있지 않은 번호를 발급하는 나라가 더 많아.

3장 귀화하고 싶어?

호나우두 코치처럼 다른 나라 국적을 가진 사람이
대한민국 사람이 되려면 방법은 한 가지야.
바로 귀화하는 거지.

하하, 귀화라는 말이 좀 어렵지.
무슨 뜻인지 먼저 알아볼까?

요즘은 우리나라에 외국인들이 많이 들어와 살아.
2020년 기준으로 한국에 사는 외국인은 250만 명쯤이야.
우리나라 인구의 6퍼센트가 넘어.
외국인들이 우리나라에 온 이유는 다양해.

이 중에서 귀화한 사람은 2020년까지 21만 명을 넘었어.
생각보다 많지?
우리나라를 좋아하고, 우리나라 사람들을 좋아하고,
우리나라에서 오래 살고 싶어 하는 사람들이 늘고 있어.

K탐정의 깜짝 퀴즈

우리나라로 귀화한 첫 번째 사람은 누구일까?

허황옥
기록에 따르면 가락국 첫 번째 왕인 수로왕의 부인 허황옥도 귀화한 사람이야. 원래 인도 아유타국의 공주였는데, 수로왕과 결혼해 김해 허씨의 시조가 되었지.

우리나라로 귀화한 사람 중에 어느 나라 사람이 가장 많을까?

중국
옛날 기록을 살펴보면 중국에서 우리나라로 귀화한 사람이 가장 많아. 오늘날에는 중국에 살던 조선족 동포들이 가장 많고 그다음으로 베트남, 필리핀, 일본, 미국 출신 순이지.

먼 나라에서 온 사연

옛날 우리나라에 귀화한 사람들은 대부분 중국, 일본 같은 가까운 나라에서 왔어. 그런데 아주 먼 네덜란드에서 귀화한 사람도 있어. 어떤 사연인지 들어 볼래?

잠깐, 아무나 귀화할 수 있는 건 아니야.
대한민국에서는 법무부 장관의 허가를 받아
귀화할 수 있는데, 몇 가지 조건을 갖춰야 해.

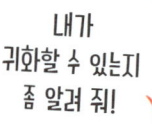

호나우두 코치는 거주 기간, 나이, 품행, 직업 등 모든 조건을 다 갖추었어.
하지만 조건을 갖추었다고 바로 귀화할 수는 없어.
귀화하려면 귀화 시험의 장벽을 넘어야 하거든!
귀화 시험은 그렇게 어렵지 않아.
호나우두 코치라면 충분히 해낼 거야.

귀화 시험은 우리나라에서 생활하는 데
필요한 말과 글을 잘 아는지,
대한민국 국민으로서의 기본 소양과 자세를 심사해.
코치와 함께 귀화 공부를 시작해 볼까?

귀화 시험에 어떤 문제가 나오는지도 구경해 볼까?
1차 시험은 필기시험이야. 너도 풀어 봐!

대한민국 귀화 시험

1. ( )에 들어갈 말로 알맞은 것을 고르시오.

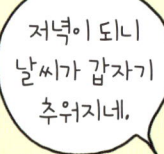 저녁이 되니 날씨가 갑자기 추워지네.

 그러게. 제법 ( )하지?

① 꿀꿀 ② 똘똘 ③ 뚱뚱 ④ 쌀쌀 ⑤ 찜찜

2. 다음 중 편지나 택배를 배달하는 곳은 어디입니까?

① 법원 ② 병원 ③ 경찰서 ④ 소방서 ⑤ 우체국

3. 겨울이 되면 가족들이나 이웃 사람들이 모여서 한꺼번에 김치를 만들었던 전통은 무엇입니까?

( )

2차 시험은 면접시험이야.
심사관 앞에서 말하는 것처럼 대답해 봐!

시험에 합격한 뒤에는 주민 등록증을 만들어야 해.
주민 등록증을 만들려면 한자 또는 한글로 된
이름이 필요해.
가장 간단한 방법은 코치의 브라질 이름을 아래처럼
그냥 한글로 소리 나는 대로 쓰는 거야.

우리나라에는 5천 개가 넘는 성씨가 있어.
그중에서 마음에 드는 걸 고르면 돼.

4장 권리를 찾는다고?

귀신이라니. 정말 기숙사에 귀신이 나타난 걸까?
난 일단 공정해 감독을 진정시키고 이야기를 들었지.

그다음, 기숙사로 들어가서 선수들을 만나 보았어.

그럼, 콩콩이 귀신은 2층에 있어!
난 곧장 2층 선수들 방을 살펴보러 갔지.

오승리가 말한 권리가 뭐냐고?
권리는 '눈치 보지 않고 당당히 행동하거나
요구할 수 있는 자격'이야.
대한민국 국민이라면, 누구나 권리를 누릴 자격이 있어.
그중에서 오승리가 자유롭게 연습할 권리는 자유권이야.
그럼 자유권이 뭘까?

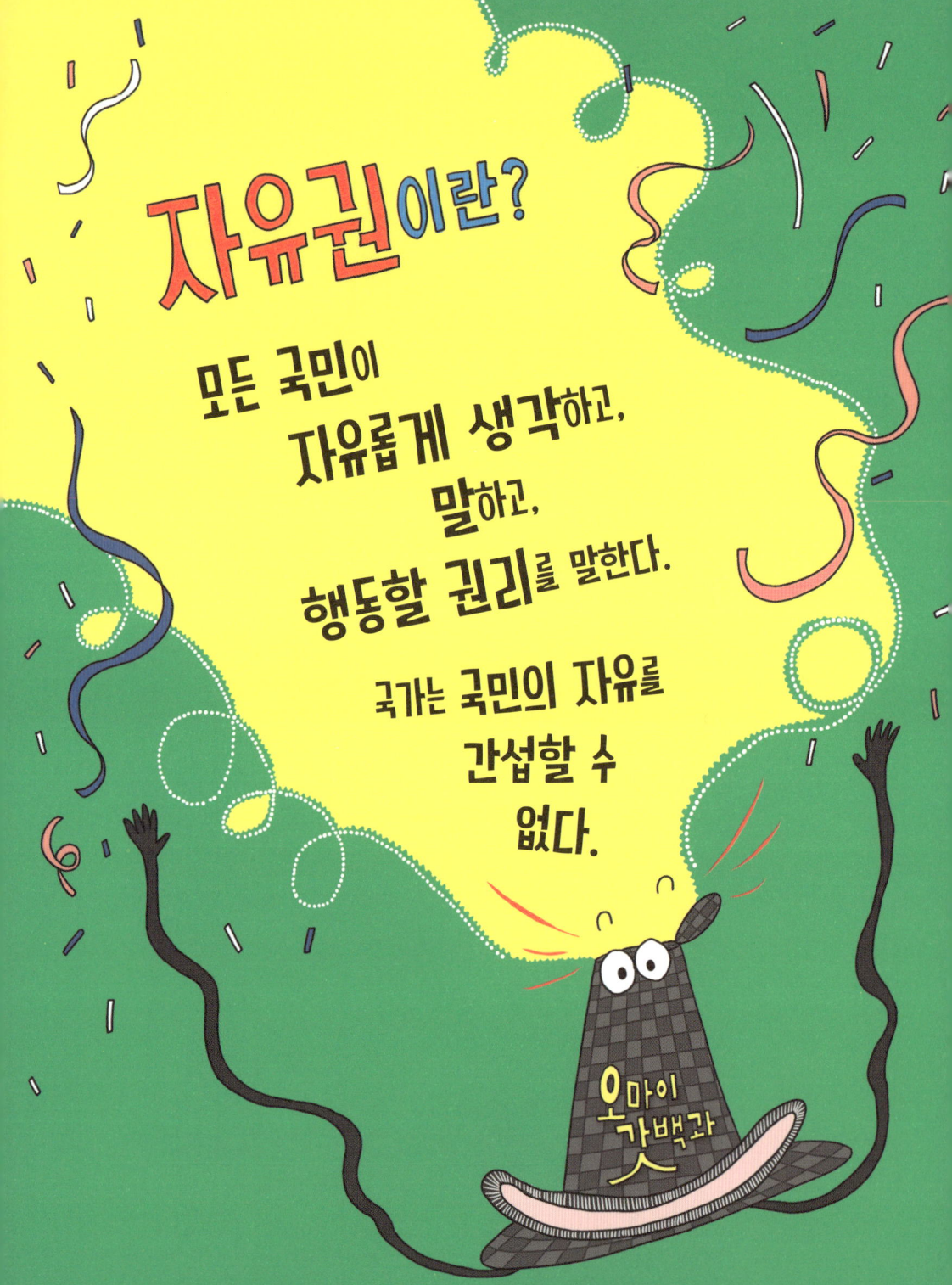

지난밤 오승리는 헤딩 연습을 하며 자유권을 누렸어.

이 권리는 국가도 간섭할 수 없단다.

잠깐, 말은 끝까지 들어야지.
자유란, 마음대로 멋대로 하라는 뜻이 아니야.
오승리가 헤딩 연습을 하는 자유를 누릴 동안,
친구들은 마음 편히 잠을 잘 자유를 빼앗겼잖아.

앞으로 내 자유를 누릴 때, 꼭 명심할 게 있어.

다른 사람의 자유를 해치지 않고
조화를 이루며 누려야 해.

끼어들 권리라는 건 없어.

하지만 대한민국 국민에게는 다섯 가지 권리가 있지.

자유권 말고 나머지 권리 넷은 다음과 같아.

흑인 소녀 린다

권리가 있어도 자신이 찾지 않으면 아무도 지켜 주지 않아.
평등할 권리를 스스로 찾아 지켜 낸 린다의 이야기를 들어 볼래?

감독실

어린이 대표 팀의 권리 찾기

우리의 요구 사항

1. 키가 작다고 후보 선수만 시키다니, 너무해요.

2. 하루 8시간 연습은 너무 많아요. 충분히 쉴 시간을 보장해 주세요.

3. 휴대폰을 사용하게 해 주세요.

4. 건의함을 만들어 주세요.

5. 주장 시켜 주세요.

저희의 권리를 주장합니다.
요구 사항에 대한 감독님의 답변을 정중히 기다립니다.

- 어린이 축구 국가 대표 팀 일동 -

대표 팀 선수들은 국민의 다섯 가지 권리인 자유권, 평등권, 청구권, 참정권, 사회권을 주장하고 있어. 선수들의 주장이 어떤 권리인지 잘 떠올려 빈칸에 써 봐.

다음 날 아침, 공정해 감독은 대표 팀 선수들의 권리를 보장하겠다는 합의서를 작성해 벽보로 만들었어. 그리고 선수들 앞에서 다짐했지.

5장
의무를 다하지 않으면?

너희가 학교에 가는 건 의무가 맞아.
'의무는 여러 사람을 위해 꼭 해야 하는 일'이야.

많은 국민들이 함께 사는 나라도 마찬가지야.
나라에서도 국민이 지켜야 할 의무가 있어.
그중에는 아이들을 교육받게 할 의무도 있지.
교육의 의무란 뭘까?

왜 이런 의무를 만들었을까?
그건 개인뿐만 아니라 나라가 발전하기 위해서는
교육이 반드시 필요하기 때문이야. 또 형편 때문에
교육을 못 받는 아이들이 없도록 하기 위해서지.
대한민국에서 의무 교육 기간은 9년이야.

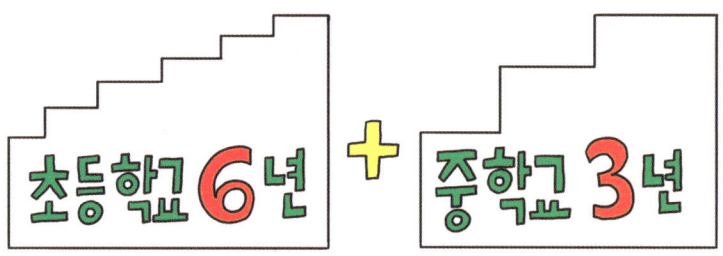

또한 의무 교육 기간에 더하여 고등학교 3년까지
수업료, 교과서, 학교에서 먹는 점심이 다 무료야.

어른들은 의무 교육 기간 동안 아이들이
교육을 받도록 돌봐야 할 의무가 있어.

딩동댕동!
수업이 끝나고 아이들은 운동장에 다시 모였어.

글쎄, 우리나라 국민은 교육의 의무를 포함하여
근로, 납세, 국방, 환경 보전의 의무가 있어.
이 의무는 대한민국 국민이라면 반드시 지켜야 해.

국방의 의무

국민이 안심하고 생활할 수 있도록 나라를 지킬 의무가 있어.

환경 보전의 의무

국민은 쾌적한 환경에서 생활하기 위해 환경을 보전하고 오염시키지 않을 의무가 있어.

그럼 감독이 이 중 어떤 의무를 하러 갔는지 추리해 볼까?

 교원증, 이 신분증은 선생님으로서 **근로의 의무를** 하고 있다는 증거지!

 학교에 안 계시니, 근로의 의무를 하러 가신 건 아니에요.

 아들의 초등학교 입학 사진. 부모로서 **교육의 의무를** 하고 있다는 증거!

 감독님이랑 완전 똑같이 생겼어요.

 이건 은행에서 세금을 내고 받은 영수증. **납세의 의무**도 이미 마쳤군.

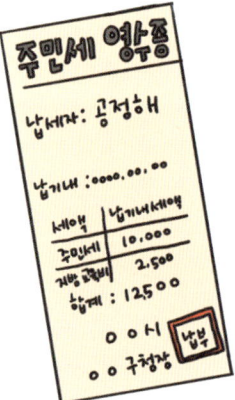

 은행 문도 이미 닫을 시간이에요.

만 18세 이상의 건강한 남자면 군대를 가야 하는데, 이미 갔다 오셨군. **국방의 의무**도 다 하셨네.

하지만 국방의 의무는 이게 끝이 아니야.

군대를 제대하고 나서도 7년 정도 해마다 군사 훈련을 받아. 예비군 훈련이라고 하지. 이것도 국방의 의무야. 공정해 감독은 예비군 훈련을 간 게 분명해!

다들 뭐 하는 거야? 예비군 훈련 마쳤으니 이제 지옥 훈련이다!

오후 6시, 드디어 어린이 대표 팀의 훈련이 끝났어.

운동장을 더럽히고 그냥 가려 하다니! 국민의 의무 중에서 환경 보전의 의무를 잊었니? 우리 주변 환경을 잘 가꾸고 보전하기 위해 의무를 실천해야지.

어린이도 납세의 의무가 있어?

YES

어린이는 따로 세금을 내지 않지만 물건값에는 세금이 일부 포함되어 있어. 과자를 사고 물건값을 내면 세금을 낸 거야.

여자는 국방의 의무가 없어?

YES

국방의 의무는 어른 남성에게만 있어. 하지만 여자들도 원하면 군인이 되어 국방의 의무를 다할 수 있어.

의무가 없는 나라, 나우루

국민의 의무는 개인의 행복과 나라의 발전을 위해서 꼭 지켜야 해. 나우루의 이야기를 들어 보면 너희들도 느끼는 점이 있을걸?

나우루는 오세아니아의 작은 섬나라야! 새가 많이 살아서 새똥으로 뒤덮였지.

나우루는 울릉도의 3분의 1 정도 되는 크기야.

섬을 덮은 새똥은 오랜 세월 동안 변해서 인광석이라는 광물이 되었어.

이게 기름진 비료도 되고, 화약 원료도 된다고.

나우루는 인광석을 수출해서 부자 나라가 되었어. 세금도 걷을 필요가 없었지.

납세의 의무? 그게 뭔가요?

오히려 나라에서 국민들에게 지원금을 줄 정도로 돈이 많아져서, 사람들은 일도 하지 않게 되었어.

근로의 의무? 돈이 이렇게 많은데 우리는 그냥 놀고먹으면 돼!

힘든 일은 모두 외국인을 데려다 시키자고!

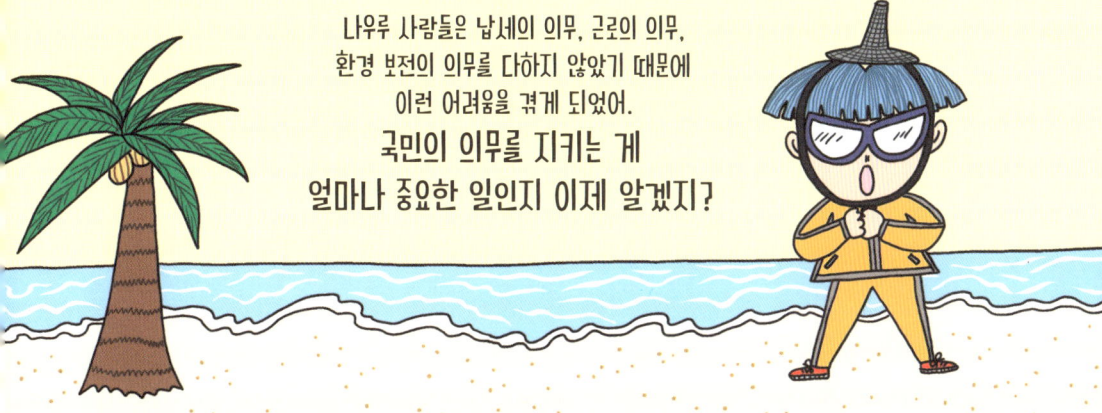

6장
난민은 왜 오는 걸까?

혹시 '피난민'이란 말 들어 본 적 있니?
아주 오래전 우리나라에서 6·25 전쟁이 일어났지.
북한과 중국 연합군이 물밀듯이 밀려오자,
사람들은 살던 고향을 떠나
남쪽으로 도망가 피난살이를 했어.

이처럼 전쟁을 피해 다른 곳으로 도망간 사람들을
피난민이라고 하지. 난민은 피난민과 많이 비슷해.
그럼, 난민에 대해 알아볼까?

난민들이 자기 나라를 떠난 이유는 여러 가지야.

크게 다치거나
죽을 위험이 있을 때

살 집도, 먹을 것도
없을 때

생각이 다르다며
목숨을 위협할 때

인종 차별의 괴롭힘이
심할 때

자기가 오래도록 산 곳을 떠나는 건 쉽지 않은 일이야.
하지만 사람들은 자유로운 환경에서
인간답게 살 권리를 심각하게 훼손당했을 때,
어쩔 수 없이 난민이 되는 거지.

대한민국에 온 난민은 법무부에 난민 신청을 해.
심사를 통해 대한민국에서 살아도 되는지,
떠나야 하는지를 결정하는 거지. 난민 신청을 한
사람들에게 어떤 결정이 났는지 볼까?

난민은 대한민국 국민과 똑같은 대우를 받으며 살 수 있어.
단, 투표할 권리는 없어.

추방 결정을 받으면 90일 이내에 대한민국을 떠나야 해.

인도적 체류 허가를 받으면
대한민국에서 직업을 얻어 생활할 수 있어.

우리나라에 온 난민을 받아들일지 말지에 대한 생각은 사람마다 달라. 찬성하는 사람과 반대하는 사람들은 어떤 이유가 있을까? 여러 사람의 의견을 읽고 '찬성'인지 '반대'인지 빈칸에 써 봐.

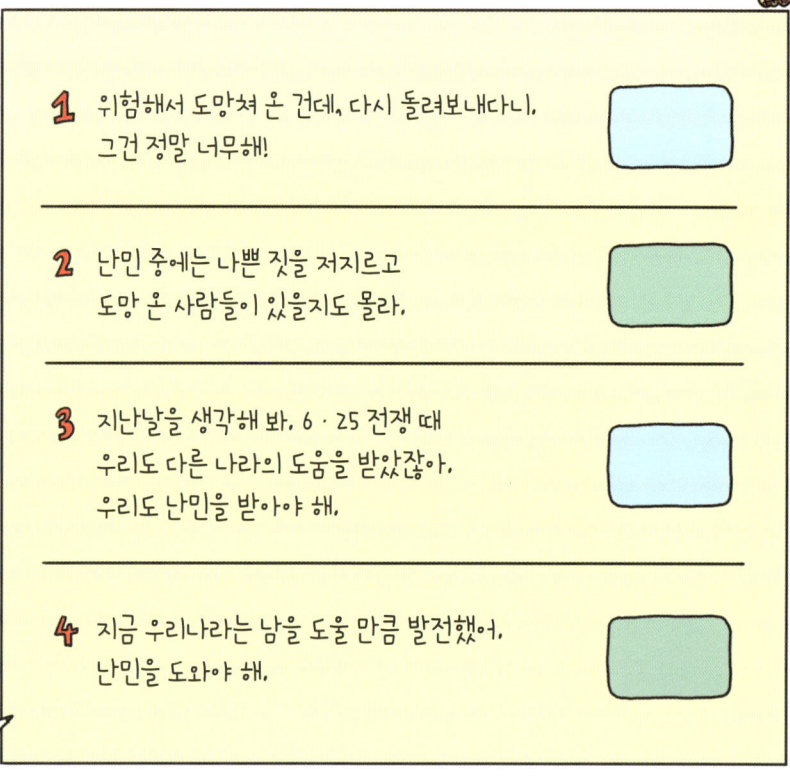

1. 위험해서 도망쳐 온 건데, 다시 돌려보내다니, 그건 정말 너무해!

2. 난민 중에는 나쁜 짓을 저지르고 도망 온 사람들이 있을지도 몰라.

3. 지난날을 생각해 봐. 6·25 전쟁 때 우리도 다른 나라의 도움을 받았잖아. 우리도 난민을 받아야 해.

4. 지금 우리나라는 남을 도울 만큼 발전했어. 난민을 도와야 해.

5 내가 낸 세금을 다른 나라에서 온 사람들을 위해 쓰는 건 말이 안 돼.

6 우리나라는 남과 북이 나뉘어 있는 불안한 나라야. 난민까지 받는 건 위험해.

7 한번 난민을 받아들이면, 너무 많은 난민들이 올지도 몰라.

8 우리나라는 아시아 최초로 난민법을 만든 나라잖아. 그러니까 난민을 받아야지.

9 우리나라 사람들이 난민에게 일자리를 빼앗겨 살기 힘들어질지도 몰라.

10 난민이라고 무조건 색안경을 쓰고 보는 건 바람직하지 않아.

찬성 이유: 1, 3, 4, 8, 10
반대 이유: 2, 5, 6, 7, 9

난민에 대한 생각은 서로 다를 수 있어. 하지만 우리나라에 온 난민은 우리의 이웃이란 걸 잊지 마.

라면왕 이철호

이번에는 다른 나라로 간 우리나라 난민의 이야기를 들어 볼까?

1950년, 우리나라에서 전쟁이 일어나 남한과 북한이 싸우기 시작했어.

콰쾅쾅! 탕탕탕!

폭격 때문에 많은 사람들이 죽거나 다쳤어. 온 나라가 전쟁터로 변했거든.

살려 주세요~

그 당시 17살이던 이철호도 큰 부상을 입었어.

이 부상은 한국에서는 치료할 수 없어. 미안하네.

그때 노르웨이에서 이철호를 난민으로 받아들이겠다고 했지.

우리 나라에 오면 치료해 줄게요!

1954년 4월 4일, 이철호는 노르웨이로 건너가서 부상을 치료했어.

노르웨이에 온 첫 번째 한국인, 이철호 씨의 부상 치료를 축하드려요!

축 완치

이철호는 열심히 학교에 다녔고, 요리사 공부도 했어.

그러던 어느 날이었어. 갑자기 한국에 갔을 때 먹었던 라면 맛이 떠올랐지.

이 맛을 노르웨이 사람들에게 알려 줄 수 없을까?

이철호는 노르웨이 사람들 입맛에 맞는 수프를 개발해서 새로운 라면을 내놓았어.

귀화한 한국인 요리사가 만든 '미스터 리' 라면이래.

라면 포장지에 한국말도 적혀 있어.

이철호는 라면 사업으로 큰 부자가 되어 많은 돈을 기부했어.

나는 라면왕!

전쟁 난민이었던 자신을 받아 준 노르웨이에 보답하고 싶었거든.

내 마음에는 두 개의 조국이 있어. 하나는 대한민국이고, 다른 하나는 노르웨이지.

거봐. 난민과도 좋은 이웃이 되어 함께 잘 살 수 있지?

7장
인구 주택 총조사가 뭘까?

제주도 사람들 중에 여자가 많은지 남자가 많은지
궁금하다고? 바로 알려 주지.

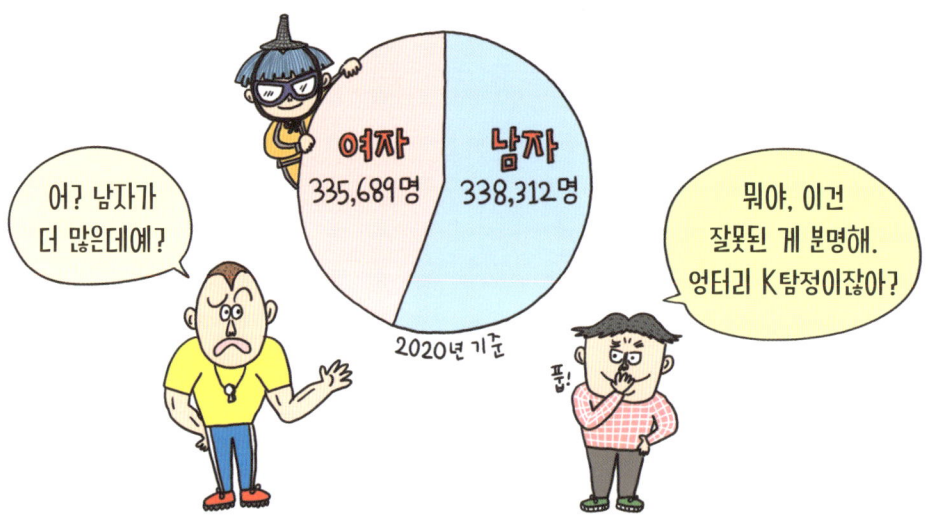

잘못되었다니. 날 뭘로 보고!
나 K탐정은 정확한 정보만 알려 준다고.
'인구 주택 총조사' 자료를 봐. 그럼 대한민국 어느 지역에
얼마나 많은 사람들이 사는지 다 나와 있어.
인구 주택 총조사는 또 뭐냐고?

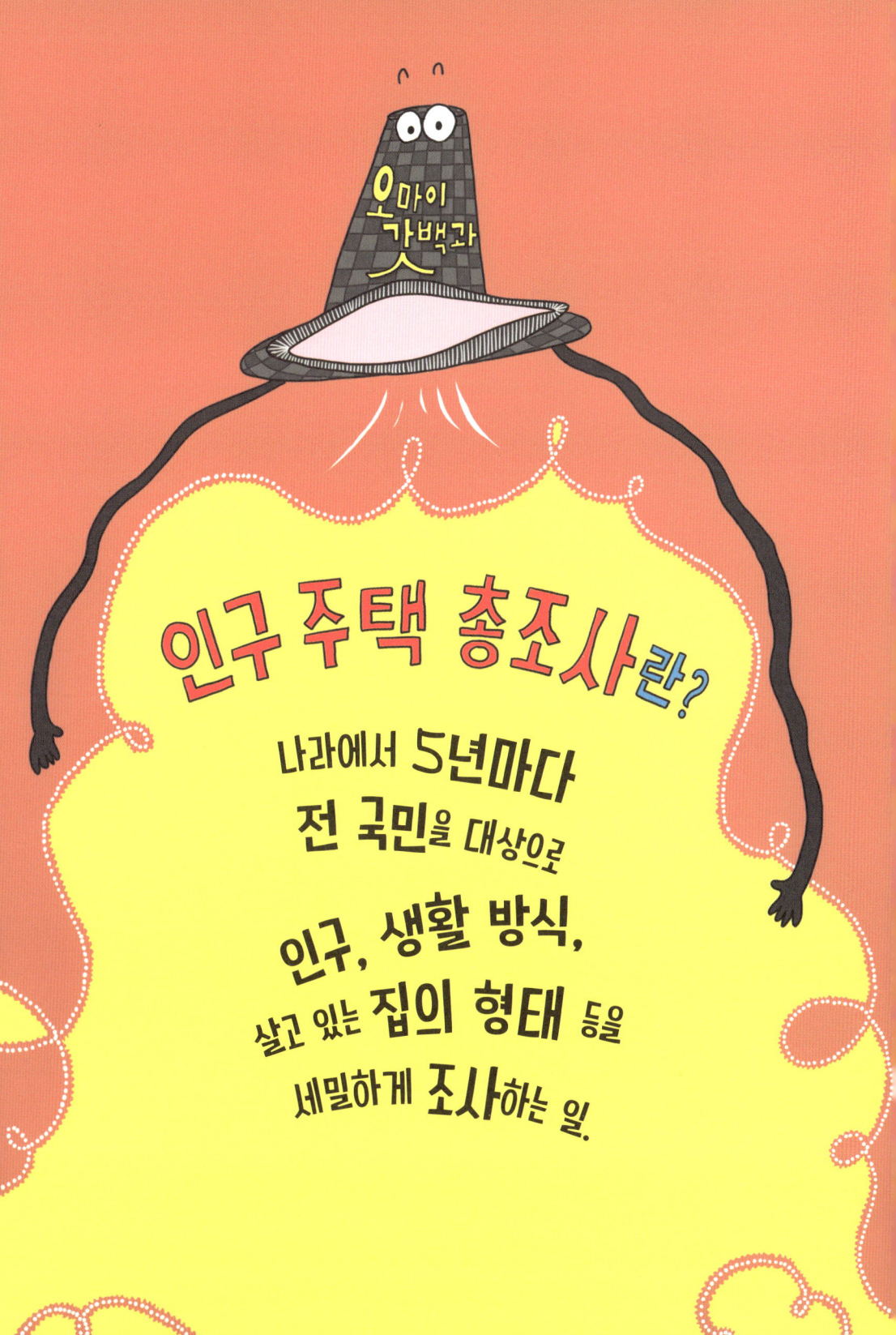

한마디로 인구 주택 총조사는
우리나라 사람들에 대한
가장 상세하고 정확한 조사라고 할 수 있어.
그런데 이런 조사를 왜 할까?
그건 바로 대한민국 국민을 위한
더 좋은 정책을 만들기 위해서야.

K탐정의 깜짝 퀴즈

인구 주택 총조사는 사람에 대해서만 조사할까?

조사 항목에는 반려동물이 있는지, 있다면 어떤 종류인지를 묻는 항목도 있어. 이렇게 조사한 내용은 반려동물 보호나 관련 정책을 만들 때 기초 자료로 활용돼.

인구 주택 총조사란 게 옛날에도 있었을까?

천 년도 훨씬 전인 통일 신라 시대에도 이런 조사를 한 기록이 있어. 그 기록에는 사해점촌이란 마을을 조사했더니, 인구가 145명, 말은 25마리, 소는 22마리가 있었다고 적혀 있어.

시합 때문에 떨린다고? 그럼 힘내라고 응원 한 말씀 하지.
인구 주택 총조사에 따르면,
2020년 기준으로 대한민국 국민은 약 5,178만 명이야.
그중에 남녀 비율은 아래와 같아.

그러니까, 자신감을 가져.

또 0~14세인 유소년, 15~64세인 청장년, 65세 이상인 노년의 비율은 아래와 같아. 그러니까, 얘들아, 힘내! 알겠지?

K탐정의 세계 탐구

세계의 인구가 궁금해!

대한민국 인구는 5천만 명이 넘는데, 전 세계 인구는 얼마나 될까?
경기 시작하기 전에 잠깐 알아보고 갈까?

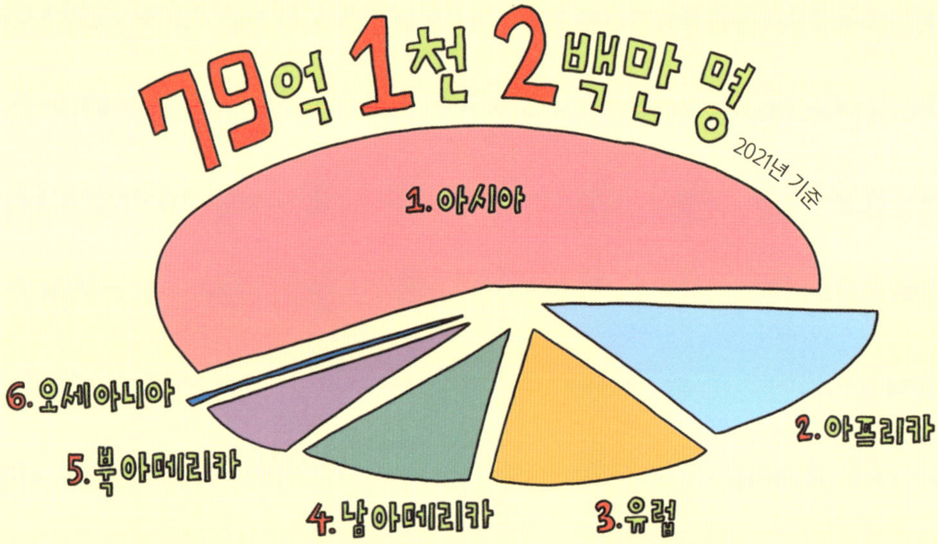

79억 1천 2백만 명 2021년 기준

1. 아시아
2. 아프리카
3. 유럽
4. 남아메리카
5. 북아메리카
6. 오세아니아

세계 인구는 약 79억 1,243만 명이야. 대륙별로 보면, 대한민국이 있는 아시아에 사람들이 가장 많이 살아.